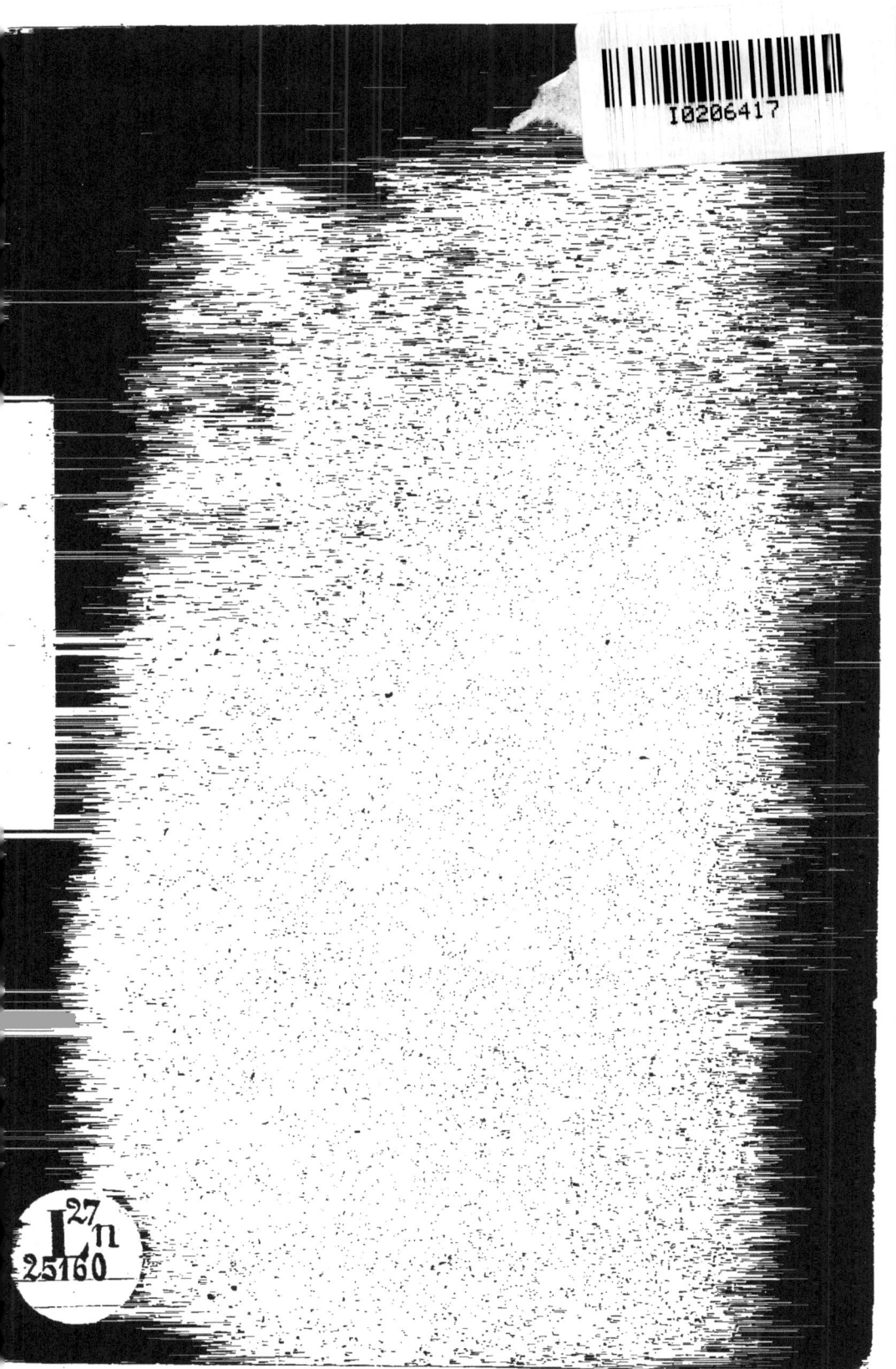

LAMARTINE

POÈTE

Discours inédit pour une Distribution de prix.

AURILLAC

IMPRIMERIE DE ALP. BRELET, RUE NEUVE

1869

LAMARTINE

POÈTE

Mesdames, Messieurs,

Mes chers amis,

Appelé à l'honneur de vous adresser en ce moment la parole, j'ai dû me demander quel était le but de ces discours officiels qui reviennent chaque année à la distribution des prix. Est-ce une vaine parade littéraire, une occasion pour le maître d'étaler avec complaisance devant ses élèves une habileté plus ou moins contestée dans l'art de bien dire? Je ne le crois pas. Et, le croirais-je même, que je refuserais de descendre à ces mesquines prétentions. J'ai toujours estimé la parole chose trop grande pour servir à la vanité d'un homme ; et quand on parle à des jeunes gens, on doit avoir une plus haute ambition que celle de bien dire : c'est de dire ce qui est bien. De pareilles idées ne surprendront personne de vous, Messieurs, et vous portez à vos enfants un intérêt trop intelligent pour ne pas accueillir avec sympathie un discours dont l'unique but est de leur inspirer l'amour du beau véritable, l'admiration pour son expression la plus élevée, le respect pour un de ses plus nobles propagateurs.

La France et les lettres ont fait naguère une perte irréparable : le patriarche de la vraie poésie française, M. de Lamartine, est mort. Tous ceux qui tiennent à la gloire du pays ont porté dans leur cœur le deuil du poète sublime, et l'Empereur a satisfait le sentiment public en ordonnant que les funérailles de Lamartine seraient payées par l'Etat. Associons-nous, Messieurs, aux voix généreuses qui ont salué ce grand homme disparu, mais bornons-nous à sa gloire littéraire, et dans cette gloire même n'envisageons Lamartine que comme poète. Cette étude ainsi restreinte ne manquera ni d'intérêt, ni d'à propos ; car ne croyez-vous pas, Mesdames et Messieurs, que dans notre siècle pratique et utilitaire, c'est accomplir œuvre d'éducateur et de citoyen que d'enlever l'esprit et le cœur des jeunes gens vers ces hauteurs sereines où les petits intérêts et les passions basses ne les atteindraient plus jamais?

Essayons donc de discerner ici les tendances principales, les caractères particuliers de la poésie Lamartinienne; recherchons les sources où il a puisé ses plus belles inspirations, disons quels furent les objets de ses chants les plus élevés, et montrons ainsi à cette jeunesse quelquefois trop légère, quelles leçons d'honneur, de vertu, de religion et de patriotisme, elle doit trouver dans les œuvres du véritable créateur de la poésie spiritualiste et chrétienne au XIXe siècle.

Les poètes, dit-on, sont poètes en naissant. Sans doute leur organisation particulière, plus impressionnable que d'autres, les prédispose à la poésie, et Lamartine raconte lui-même que dès sa plus tendre enfance, les idées se présentaient à lui sous forme d'images et de sentiments. Mais on ne peut nier que les circonstances extérieures de patrie, de famille, d'entourage, d'éducation, n'influent singulièrement sur l'épanouissement des natures poétiques les mieux douées. Quelles sont donc les origines appréciables de la poésie Lamartinienne?

L'enfance du grand poëte se passe à la campagne, unissant la délicatesse du gentilhomme aux allures quelque peu sauvages du paysan. Vivant au sein même de la nature, la voyant, face à face, dans sa splendeur naïve, Lamartine l'a comprise et l'a sentie. Les cultivateurs Mâconnais le respectent comme un jeune maître, il les aime comme de vieux amis. Leur langage lui est familier; il s'intéresse à leurs travaux. Leurs joies et leurs peines l'émeuvent tour à tour. Et pendant toute sa vie il aimera avec passion les prés, les vignes et les chaumières de son pays natal.

Si nous examinons l'entourage immédiat de Lamartine durant son enfance, nous y voyons les éléments les plus disparates, les influences les plus opposées qui se détruisaient par leur diversité même. Il suffit de lire les *Confidences* pour être convaincu que ni l'oncle jurisconsulte, ni l'oncle abbé, ni le père si distingué qu'il fût, ni les amis familiers de la maison n'ont pu former le génie de Lamartine. Quant aux jésuites qui furent ensuite ses professeurs, ils étaient alors trop peu versés dans la vraie poésie française pour inspirer ou développer des tendances qui les auraient effrayés plutôt que réjouis.

Quelqu'un cependant exerça sur l'avenir poétique de Lamartine une influence capitale qu'on retrouve dans toutes ses œuvres.

Vous vous plaignez quelquefois, mères de famille, de voir votre action diminuer à mesure que vos fils grandissent. Le jeune homme semble échapper, sinon à votre amour du moins à votre direction. « Je ne puis plus rien pour lui, » dites-vous tristement, avec cet égoïsme maternel qui est bien la plus excusable des faiblesses. Détrompez-vous, Mesdames, soyez fières de votre rôle et ne le calomniez pas ; c'est à vous que la France doit son plus grand poète.

c'est à sa mère que Lamartine a emprunté ses plus nobles aspirations, ses sentiments les plus chrétiens et les plus délicats. Vivante, elle fut l'ange gardien du poëte, morte elle devint son inspiratrice invisible et pourtant efficace. Victor Hugo et Lamartine ont cette ressemblance singulière d'avoir trouvé tous deux leurs plus suaves et leurs plus pures inspirations au foyer domestique : le premier atteint les dernières limites de la poésie pathétique lorsqu'il nous parle de sa fille envolée ; le second rapporte sans cesse à sa mère tout ce qu'il sent en lui de tendre, de grand et de vraiment religieux.

Je devrais maintenant, Messieurs, passer en revue les différents ouvrages qui composent l'œuvre poétique de M. de Lamartine.

J'avoue mon impuissance à le faire.

Avez-vous jamais parcouru les splendides musées de l'Italie? Avez-vous essayé d'en compter les merveilles de peinture et de statuaire? N'est-il point vrai qu'étonnés, éblouis par toutes ces richesses vous avez senti le besoin de fermer les yeux, de recueillir votre esprit, de le forcer à oublier tout le reste, afin de pouvoir conserver l'immuable souvenir de quelques chefs-d'œuvre préférés dans cette innombrable série de chefs-d'œuvre? C'est ainsi qu'on retient à jamais : l'Apollon du Belvédère, le groupe de Laocoon, la Vénus du Capitole, le Moïse de Saint-Pierre-ès-Liens, la Sainte-Marie du Dôme à Florence,

Sainte-Cécile de Bologne, la Transfiguration, par Raphaël, cinq ou six autres merveilles qui semblent défier l'esprit humain en l'écrasant d'admiration.

Telle est, Messieurs, mon impression après avoir lu les dix volumes de vers que Lamartine a publiés. Nous parlons des vers seulement, bien qu'il n'y ait pas moins de poésie réelle dans la prose Lamartinienne. Plusieurs de ses livres resteront parmi les plus éloquents et les plus vraiment poétiques de la littérature française. Mais, encore une fois, bornons-nous au champ bien trop vaste que les vers de Lamartine ouvrent devant nous.

Puisant toujours à la source de l'infini dont il est pénétré et pour ainsi dire envahi, le poète unit la variété la plus étonnante à l'unité la plus fidèlement gardée. Qu'il peigne avec les plus magnifiques couleurs la nature dont il entend toutes les voix, ou qu'il raconte les luttes de l'âme humaine scrutée jusque dans ses plus intimes profondeurs ; qu'il nous fasse écouter avec extase le chant du petit oiseau et la prière de l'enfant qui s'éveille, ou qu'il nous effraie par ses odes sublimes dans lesquelles grondent les tempêtes de la mer, les torrents des montagnes et le tonnerre des cieux ; qu'il se fasse l'écho des bardes du Nord, des troubadours du Midi, des rêveurs de l'Orient, ou bien qu'il traduise en strophes incomparables les plaintes de Jérémie et les visions d'Ezèchiel, Lamartine est toujours lui-même, c'est-à-dire le plus idéal, le plus harmonieux, le plus délicat des poètes. Tout ce qu'il y a de généreux et de saisissant dans le monde des âmes et dans celui de la nature, il l'a deviné, il l'a senti, il l'a aimé, il l'a célébré. Les sentiments les plus divers ont trouvé en lui leur interprète : la douleur n'a jamais poussé de cris plus déchirants, l'amitié n'a rien écrit de plus sincère, le cœur n'a jamais rien rêvé de plus tendre que la poésie de Lamartine.

Obligé de m'arrêter à quelques points seulement, je voudrais, Messieurs, attirer maintenant votre attention sur les lignes les plus accentuées de cet immense horizon, sur les sentiments profonds qui furent à la fois pour Lamartine ses sources d'inspirations fécondes et les objets habituels de son culte. J'ai nommé la famille, la patrie, la nature et Dieu.

« La famille est évidemment un complément de nous-mêmes, plus grand que nous-mêmes, existant avant nous, et nous survivant avec ce qu'il y a de meilleur de nous. »

C'est ainsi, Messieurs, que Lamartine commence la description la plus complaisamment poétique qu'un homme ait jamais tracée de sa propre famille. Les deux volumes des *Confidences* sont un hymne continuel à sa mère, à son père et à ses sœurs.

Quand on lit ces portraits achevés jusqu'aux détails les plus intimes, on sent le bonheur qu'éprouvait le poète à les tracer ainsi. Ils sont flattés sans doute, mais ceux-là seuls en feront un reproche à Lamartine qui ne savent pas avec quelle admiration naïve on doit regarder une mère et une sœur aimées. Génie éminemment sympathique, il nous fait partager son amour et son culte, et nous abdiquons volontiers notre sens critique devant cette mère si noblement simple, devant ces sœurs si ingénûment belles.

Plus tard, Lamartine a connu un sentiment plus impérieux et plus naturel encore. Sa fille est devenue pour lui une idole, et je plaindrais le père ou la mère qui lirait sans pleurer les vers adressés par le grand poète à sa Julia disparue.

Du reste, Messsieurs, il existe une pierre de touche infaillible pour discerner le vrai culte de la famille : c'est la durée vivace des regrets qui suivent les trépassés. Ecoutez donc ces cris :

> Ah ! vous pleurer est le bonheur suprême,
> Mânes chéris de quiconque a des pleurs !
> Vous oublier c'est s'oublier soi-même ;
> N'êtes-vous pas un débri de nos cœurs ?

> Non, non, mon Dieu, si la céleste gloire
> Leur eut ravi tout souvenir humain,
> Tu nous aurais enlevé leur mémoire,
> Nos pleurs sur eux couleraient-ils en vain ?

Nous avons dit, Messieurs, que Lamartine avait continué d'être inspiré par sa mère, même quand elle fut morte.

C'est le privilége des mères de sauver leurs fils au moment du danger suprême ; Lamartine a rencontré ses jours de défaillance morale : les déceptions, les ingratitudes ont assombri l'âme du poète, et jeté le doute avec le désespoir dans son esprit. Que fera ce génie ébranlé ? Il regardera le tombeau où repose la noble femme qui fut sa mère ; et le voilà qui soudain se redresse dans son courage d'homme et sa foi de chrétien :

> Non, non, pour éclairer trois pas dans la poussière,
> Dieu n'aurait pas créé cette immense lumière,
> Cette âme au long regard, à l'héroïque effort.
> Sur cette froide pierre en vain le regard tombe ;
> O vertu, ton aspect est plus fort que la tombe,
>   Et plus évident que la mort !
>
> Et mon œil convaincu de ce grand témoignage,
> Se releva de terre et sortit du nuage ;
> Et mon cœur ténébreux recouvra son flambeau.
> Heureux l'homme à qui Dieu donne une sainte mère !
> En vain la vie est dure et la mort est amère...
>   Qui peut douter sur son tombeau ?

Voilà, Messieurs, des pensées bien graves et des sentiments plus tristes peut-être que ne le demanderait cette réunion. Mais n'oublions pas que la douleur joue un grand rôle dans la poésie Lamartinienne ; et s'il faut me justifier, je vous citerai ce dernier mot :

> L'urne de la gloire et de la poésie
>   Ne se remplit que de nos pleurs.

Le sol natal ne peut guère se séparer de la famille. Ces deux idées se confondent dans nos souvenirs et nos affections. Chacun de nous, dites-moi, ne revoit-il pas son père et sa mère encadrés pour ainsi dire dans le foyer domestique? La maison paternelle, les champs qui l'avoisinent, les moindres accidents du terrain, un arbre, une pierre, la haie la plus indifférente, tout cela fait partie de la famille et garde sa place dans notre cœur. Qui s'étonnera dès lors que Lamartine soit éminemment le poète du sol natal? Ses livres sont remplis des plus fidèles descriptions. Un jour, il nous fut donné de faire un pieux pèlerinage au berceau de notre grand poète ; nous avons reconnu les chaumières, les prés, les bois et les champs qui lui ont coûté si cher, et dont la perte fut pour lui un cruel déchirement d'entrailles. On a reproché à Lamartine de s'être placé dans la dure nécessité de vendre sa terre natale, objet de ses chants et complice de sa gloire. L'histoire dira si les dettes du grand poète sont imputables à la dissipation et non pas au désintéressement qu'il a montré dans ses jours de courte splendeur. Mais, quoi qu'il en soit, demander à Lamartine d'avoir su compter nous paraît une étrange prétention. Eh quoi! Messieurs, Lamartine pouvait-il être un caissier? Que les hommes d'affaires lui reprochent d'avoir mal tenu ses comptes! L'arithmétique et la poésie s'excluent l'une l'autre ; et Lamartine a cruellement expié son incurie matérielle. Les vingt dernières années de sa vie furent un rude chemin montant au Calvaire. Il l'a parcouru, chargé d'un énorme fardeau ; et il a succombé sous le faix malgré la délicatesse prévenante d'une auguste sympathie.

Lamartine a montré sa misère à nu. On a dit qu'il s'était rabaissé. Eh ! depuis quand, Messieurs, n'est-il plus permis au vieux soldat oublié de venir sur la place publique, et de montrer aux citoyens ingrats sauvés par lui les blessures qu'il a reçues en les défendant.

Oui, Messieurs, Lamartine a aimé passionnément le sol natal ; il l'a aimé largement, comme tout ce qu'il aimait. De Milly, son culte s'étendait à toute la France. Et voyez comme sa pensée l'agrandit encore le sol déjà si vaste de notre beau pays :

> Ma patrie est partout où rayonne la France,
> Où son génie éclate aux regards éblouis.
> Chacun est du climat de son intelligence ;
> Je suis contemporain de toute âme qui pense ;
> La Vérité, c'est mon pays.

Vous voyez, Messieurs, quelle ampleur Lamartine mettait à son patriotisme. Toutefois nulle terre ne passait dans ses affections avant sa chère Bourgogne. Il a su rendre au Mâconnais en amour et en gloire mille fois plus que cette patrie ne lui avait donné en inspirations et en respect.

Me permettrez-vous, Messieurs, à moi nouveau venu dans votre pays, de vous exprimer un étonnement et un regret ? En voyant votre sol natal si admirablement beau et si poétiquement riche, je me suis demandé souvent pourquoi un grand nombre d'entre vous allaient chercher ailleurs ce qu'ils avaient surabondamment chez eux. Pourquoi l'émigration enlève-t-elle chaque année au Cantal une partie de ses forces vives ? Pourquoi vous ne restez pas fidèles à votre vieille terre d'Auvergne ? Dites-moi qui vous empêche de lui consacrer toute la sève de vos esprits, toute l'ardeur de vos âmes, toute la force de vos bras ? Ah ! je vous en prie, réunissez vos efforts au lieu de les disperser. Enfants du Cantal, groupez-vous autour des hommes intelligents et dévoués qui restent fermes à leur poste. Alors, Messieurs, votre département n'aura rien à envier au reste de la France ; et on pourra dire de lui comme de l'ancienne Italie :

Salut, terre d'Auvergne, aussi féconde en hommes
Qu'en troupeaux et moissons !

Ce que je viens de vous dire m'amène tout naturellement à vous parler du sentiment de la nature dont Lamartine a été le révélateur. Sans doute, Messieurs, il serait bien intéressant d'esquisser ici l'histoire du sentiment de la nature depuis les anciens qui, comme Théocrite, Virgile et Horace, la décrivaient exactement sans la comprendre à fond, puisqu'ils n'y voyaient pas Dieu ; depuis les poètes du xviie siècle qui ne l'ont guère mieux décrite que sentie, jusqu'à l'école moderne qui, sous ce rapport, commence à J.-J. Rousseau et Bernardin de Saint-Pierre pour se continuer par Chateaubriand et ses disciples jusqu'à Victor Hugo, Musset, Lamartine et Laprade. Mais le poète que je viens de nommer en dernier lieu a écrit naguère un livre qui m'oblige au silence. Ayant trop d'orgueil pour emprunter à autrui ses idées, et moins de vanité qu'il n'en faudrait pour les copier sans le dire, je vous renvoie, Messieurs, au livre de M. de Laprade pour les temps anciens ; et je me borne à vous rappeler que de tous nos poètes contemporains, M. de Lamartine a le plus délicatement et le plus merveilleusement rendu les harmonies de la création. « Il est vague, dit-on, il se perd dans des lointains aussi nuageux qu'indéfinis..... » A coup sûr, Messieurs, vous n'attendez pas de Lamartine qu'il rende ses impressions en équations algébriques ; autant vaudrait demander à un philosophe de traduire en syllogismes les sonates de Mozart et les symphonies de Beethoven. Ce qui fait la supériorité de notre grand poète, c'est que pour lui la nature a non-seulement des voix qu'il entend, mais un cœur qu'il sent battre et une âme qui vivifie les éléments eux-mêmes.

Arrivé là, Messieurs, je me heurte de front contre l'objection la plus grave qu'on ait opposée à la poésie

Lamartinienne. « A force, dit-on, de comprendre la nature, de prêter une âme, un cœur et une voix aux lacs, aux prairies, aux torrents et aux montagnes, Lamartine n'est-il pas devenu panthéiste? » Si je ne me trompe, Messieurs, le panthéisme est une erreur à la fois philosophique et religieuse qui confond le créateur et la créature, l'œuvre de Dieu avec Dieu lui-même, et qui détruit ainsi la divinité en altérant profondément sa notion juste et vraie. Lamartine a-t-il échappé à ce danger? Son admiration passionnée lui a-t-elle fait confondre la nature avec son auteur? Dieu, les hommes et les choses ne sont-ils pour lui qu'un grand Tout aussi indéfinissable qu'illogique? Je n'hésite pas, Messieurs, à repondre : Non! Notre poète a protesté lui-même qu'il n'était pas panthéiste. Ses œuvres le défendent éloquemment contre cette accusation plus spécieuse que fondée. Est-ce à dire qu'il ne donne jamais prise au reproche dont je viens de parler? Mais le génie lui-même, livré à ses propres forces, est sujet à de passagères défaillances, et ce n'est pas par des exceptions qu'il faut juger le caractère philosophique et religieux d'une œuvre aussi importante que celle de Lamartine.

Or, Messieurs, je l'affirme avec une conviction absolue et profonde, loin d'avoir été panthéiste, Lamartine s'offre à nous comme le plus croyant des poètes contemporains. Non-seulement il admettait un Dieu personne, créateur et conservateur du monde, mais encore il proclamait, il adorait, il glorifiait l'Homme-Dieu, fondateur de la religion chrétienne et auteur infaillible de la révélation qui nous régit.

Un volume ne suffirait pas, Messieurs, à réunir les pièces magnifiques où Lamartine, inclinant son génie devant la Croix, le met au service du Dieu de Bethléem et du Calvaire.

Permettez-moi seulement de vous dire quelques vers de cet hymne sublime en l'honneur du Christ que plusieurs d'entre vous, mes amis, n'oublieront jamais :

> Oui, de quelques faux noms que l'avenir te nomme,
> Nous te saluons Dieu ! car tu n'es pas un homme.
> L'homme n'eut pas trouvé dans notre infirmité
> Ce germe tout divin de l'immortalité :
> La clarté dans la nuit, la vertu dans le vice;
> Dans l'égoïsme étroit la soif du sacrifice,
> Dans la lutte, la paix; l'espoir dans la douleur;
> Dans l'orgueil révolté, l'humilité du cœur ;
> Dans la haine, l'amour ; le pardon dans l'offense,
> Et dans le repentir la seconde innocence !
> Notre encens à ce prix ne saurait s'égarer,
> Et j'en crois des vertus qui se font adorer.

Qu'en dites-vous, Messieurs, est-ce du vrai christianisme ou de la *religiosité*, pour employer un barbarisme trop fréquent ? Si vous doutez encore, Lamartine s'écriera :

> Pour moi, soit que ton nom ressuscite ou succombe,
> O Dieu de mon berceau, sois le Dieu de ma tombe;
> Plus la nuit est obscure, et plus mes faibles yeux,
> S'attachent au flambeau qui pâlit dans les cieux.
> Et quand l'autel brisé que la foule abandonne
> S'écroulerait sur moi,.... temple que je chéris,
> Temple où j'ai tout reçu, temple où j'ai tout appris,
> J'embrasserais encor ta dernière colonne,
> Dussé-je être écrasé sous tes sacrés débris !

Que dire, Messieurs, après une telle profession de foi ?

Je n'ai pas la puérile prétention d'avoir esquissé, même imparfaitement, cette grande figure de poëte devant laquelle vos descendants plus justes que vous déposeront l'hommage impérissable d'une pieuse admiration.

Toutefois je ne croirai ce moment perdu ni pour vous, Mesdames et Messieurs, ni pour vos enfants, si vous emportez d'ici grâce à ma parole l'estime des choses de l'esprit et un profond respect pour une mémoire aussi rare que peu enviée.

Pour vous, mes amis, pendant ces jours de vacances que presque tous vous passerez dans un repos exagéré, lisez les *Harmonies* et les *Méditations* de Lamartine ; qu'elles soient les compagnes assidues de vos promenades. Etudiez Lamartine, pénétrez-vous de son esprit, élargissez vos horizons en contemplant les siens. A son contact échauffant et généreux puissiez-vous devenir ce qu'il fut toute sa vie : des fils pieux, des pères aimants, des citoyens dévoués, des chrétiens sincères. C'est là, mes amis, ce que vos maîtres souhaitent, ce que vos familles espèrent, ce que la patrie attend, et ce que Dieu exige de vous tous.

www.ingramcontent.com/pod-product-compliance
Lightning Source LLC
Chambersburg PA
CBHW060629050426
42451CB00012B/2502